AF562329

LA FRANCE

LE MEXIQUE ET LES ÉTATS CONFÉDÉRÉS

CONTRE LES ÉTATS-UNIS

PARIS

IMPRIMERIE DE L. TINTERLIN ET Ce

RUE NEUVE-DES-BONS-ENFANTS, 3.

LA FRANCE

LE MEXIQUE ET LES ÉTATS CONFÉDÉRÉS

CONTRE

LES ÉTATS-UNIS

PARIS
E. DENTU, LIBRAIRE-ÉDITEUR
GALERIE D'ORLÉANS, 17 ET 19, PALAIS-ROYAL

1863

LA FRANCE

LE MEXIQUE ET LES ÉTATS CONFÉDÉRÉS

CONTRE

LES ÉTATS-UNIS

Qu'est-ce que la France fait sur le Continent américain?

On a dit : protéger la race latine; arrêter le progrès de la race anglo-saxonne; ouvrir des sources à son commerce, en le rendant indépendant; soutenir la religion catholique. Un tel but mériterait à Napoléon III le titre de *Grand;* mais il est à craindre que les moyens employés ne donnent pas le résultat que l'on poursuit.

En effet, l'expédition au Mexique, si l'on considère la voie qu'on a suivie, est une grande erreur, considérable dans ses résultats, puisque les erreurs en politique sont plus fécondes que tout autre objet de la nature.

Protéger la race latine.

La race latine en Amérique a vu avec défiance le développement de pareils projets. Ne peut-on pas supposer qu'elle s'opposera toujours à recevoir une protection qu'on prétend lui donner en sapant la base de ses institutions? En vain, pour les justifier, on allègue le scandale des révolutions américaines depuis environ un demi-siècle. Quarante ans peuvent être considérés comme la moitié de la vie humaine : dans la vie des nations, c'est un âge au-dessous de l'enfance. Qui oserait prétendre qu'un enfant à son berceau peut marcher d'un pas aussi assuré qu'un vétéran, à plus forte raison si ce doit être sur un fil de fer suspendu au-dessus d'un abîme, à l'instar de Blondin, à l'instar de tant de nations européennes?

Il est évident que les principes démocratiques sont déjà profondément enracinés dans le cœur des deux Amériques. Y établir des trônes serait une tentative folle. Qui pourrait occuper ces trônes-là? — Des Américains? — On laisserait alors subsister la lutte des ambitions personnelles que l'on a constamment reprochées aux Républiques. Des Européens? Même en supposant que le candidat au trône du Mexique fût l'expression de la Providence, l'élu de Dieu, est-ce qu'il y a beaucoup d'archiducs Maximilien?

Les Américains connaissent parfaitement bien le mal de leur gouvernement et le remède qui lui conviendrait. Mais jusqu'à présent on les a empêchés de l'appliquer par suite des entraves apportées chez eux par l'influence européenne. Après les immenses sacrifices que leur indépendance leur a coûté, il ne sera pas facile de les amener à confier les rênes de leur gouvernement à des Européens, alors qu'ils se considèrent comme à la veille de se gouverner eux-mêmes. Partant, si le dessein de protéger la race américo-latine est sincère, la voie la plus directe serait d'appuyer ses propres institutions, telles qu'elles émanent de leur libre volonté, quelque imparfaites qu'elles soient ; car, après tout, la perfection des institutions européennes est loin d'être à la hauteur de leur vieillesse.

Arrêter l'influence de la race anglo-saxonne.

Cette race, en Amérique, qui, au commencement, a fourni de si beaux modèles parmi ses hommes d'État sous le rapport du courage, de la science et de la vertu, a permis récemment à des capacités ordinaires de corrompre sa politique, en substituant le principe de mesquines convenances aux principes éternels de la raison et de la justice. Ainsi, afin qu'on lût dans leurs annales qu'un jour le drapeau étoilé avait flotté sur le palais de Montezuma, ils ont sacrifié un immense avenir : l'annexion spontanée de toute la République mexicaine et celle de l'Amérique centrale, ce qui aurait fait leur véritable *destinée manifeste*.

Les États-Unis d'Amérique ayant adopté effrontément une politique d'absorption alors qu'ils possédaient déjà une surface immense de territoire avec une population toujours croissante, qui, sans doute, leur aurait mérité le premier rang dans la statistique du monde civilisé au commencement du vingtième siècle, éveillèrent la jalousie des nations européennes : il n'est donc pas surprenant que celles-ci profitent de leurs divisions actuelles pour arrêter leurs ambitions sans bornes.

Le texte de la doctrine sur laquelle on s'est appuyé pour justifier la séparation et l'indépendance du Texas, peut servir, maintenant pour soutenir la séparation du Sud. Les étapes du général Scott vers Mexico ont été parcourues par le général Forey avec de graves conséquences, peut-être, pour l'Union américaine.

Ainsi donc, pour les *placerès* de l'Eldorado, ils ont perdu les *placerès* du reste du Mexique, qui sont mille fois plus précieux. Ils s'attendaient que tôt ou tard ils tomberaient dans leurs mains; mais avec leur guerre et leur spoliation de dix-neuf mille lieues carrées, c'est-à-dire plus de la moitié de la République, ils ont blessé à jamais l'amour-propre national des Mexicains, et il n'y a pas d'espoir que ces deux peuples se réconcilient jamais.

Les Hispano-Américains admirent et imitent les institutions des États-Unis comme l'œuvre merveilleuse de sages législateurs; mais ils haïssent à outrance les Américains de nos jours à cause de leur politique flibustière envers les nouvelles républiques. C'est en vain que l'administration actuelle du Nord prétend faire croire aux gouvernements européens qu'on ne reviendra plus sur cette politique : il y a des témoignages irréfragables qui prouvent le contraire. La race latine du nouveau continent, appréciée par les Américains en général, à peu près comme la race africaine, ne saurait trouver, au jour de leur domination, des oppresseurs plus cruels. Les anciens Mexicains du Texas et de la Californie, les uns victimes du Sud, les autres victimes du Nord, en offrent un triste exemple.

L'acquisition, par les États-Unis, du nord du Mexique, accomplie en conséquence d'une guerre injuste, guerre provoquée par l'indépendance du Texas que proclamèrent, non les enfants du pays, mais des colons américains dont l'insolence croissait en proportion de la richesse qu'ils acquéraient —*fut* et *sera*, à jamais, une acquisition mal faite,— un *abus* qui n'a d'autre raison d'être que le fait accompli : c'est comme le partage de la Pologne. La cession fut aussi gratuite que l'est celle que l'on fait de sa bourse quand un poignard l'exige. Jamais les Mexicains ne rêvèrent qu'ils disposeraient un jour d'assez de force, propre ou étrangère, pour exiger une satisfaction des États-Unis. Voilà pourquoi ils mirent fin à leurs plaintes ; mais leur faiblesse ne saurait constituer une prescription de droit.

Le Mexique, pour recouvrer ce qu'il a perdu, manque, donc, de *force*, non de *droit;* lui donner cette *force*, dont le résultat immédiat serait la véritable fusion des partis qui le divisent (le seul cas où elle soit possible), c'est là ce qui constituerait un motif justifiable de voir en Amérique des armées et des flottes européennes. C'est ainsi qu'on réussirait à arrêter ce progrès qui menace l'existence des autres races, l'indigène et l'espagnole, à meilleur droit américaines, non moins que l'influence et même l'existence des institutions européennes; car une fois maîtres et seigneurs du nouveau continent, les Américains du Nord chercheraient à le devenir du monde entier et auraient beau jeu des trônes du vieux continent.

Que l'Angleterre aussi et l'Espagne ouvrent les yeux. La *guerre* aujourd'hui aux États-Unis de l'Amérique du Nord ébranlés jusque dans leurs fondements, non-seulement divisés, mais bien encore subdivisés, puisqu'un grand parti d'entre eux favorise la cause du Sud, *c'est la paix* dans l'avenir. *La paix* maintenant avec les États-Unis, permettant le rétablissement de l'Union, *c'est la guerre* demain avec le Mexique, c'est-à-dire avec la France, qui aura à garantir le trône qu'elle va ériger à Maximilien, ou bien à faire du Mexique une colonie; c'est la guerre avec l'Angleterre à cause du Canada; avec l'Espagne à cause de l'île de Cuba.

Dans la fausse voie que suit la France au Mexique, que va-t-elle faire? Comment pense-t-elle en sortir? Se propose-t-elle sérieusement d'y soutenir, avec ses armes, un empereur autrichien, ou de faire de la République une colonie en la conquérant de vive force dans toute son étendue? — Va-t-elle se contenter de laisser les Mexicains abandonnés à leur sort, ou les laisser *aller au diable*, d'après les généreuses promesses de M. Billault? Pourquoi refuser de reconnaître la véritable expression de la volonté nationale? Pourquoi ne pas proclamer la constitution que ce peuple s'est donnée, constitution basée sur de bons principes? Pourquoi ne pas s'allier avec lui, et, d'accord avec les États confédérés, dont l'indépendance peut et doit être reconnue, conformément au droit des gens, avec les garanties que peuvent exiger, dans leur constitution, les intérêts de l'humanité et de la civilisation, donner une bonne leçon de morale aux États du Nord, en les obligeant à respecter les droits des autres ?

Le Mexique ne verrait aucun inconvénient à ce que la France se rendît maîtresse de la grande zone qui lui fut enlevée depuis le Texas sur le Golfe, jusqu'à la Haute-Californie sur le Pacifique ; et même il pourrait lui accorder une occupation *temporaire* de quelques-uns des États de la frontière dont les immenses richesses pourraient être exploitées au profit de la France. Voilà un moyen d'assurer ses justes réclamations et une occasion même de se rembourser des frais de la guerre. Ceci ne serait pas contraire aux véritables et légitimes intérêts du Sud, qui, à son tour, céderait de bon gré tout droit qu'il pourrait alléguer à l'État du Texas et à d'autres territoires voisins. Les États-Unis perdraient ce qu'ils finiront par perdre de toutes manières ; partie, aujourd'hui, avec la séparation des États du Sud ; partie, demain, avec l'indépendance, ce que proclameront tôt ou tard, pour cause de développement, de position, etc., les possessions américaines du Pacifique. Celles-ci pourraient jouir d'une vie qui leur serait propre sous les institutions qu'elles ont maintenant, mais présidées par la France libérale et éclairée, comme elles le font à l'ombre du drapeau de l'illustre Washington.

Une nouvelle existence, aussi respectable que celle-ci, offrirait au monde le beau spectacle de l'issue d'une tempête politique conjurée, qui amènerait la paix si désirée au Mexique, la garantie de l'autonomie, aux autres républiques, la division d'un pays qui rêvait l'omnipotence pour abuser des faibles, en parties plus ou moins égales, comme il convient le plus au bonheur du genre humain ; enfin, la fraternité sincère de deux continents qui à l'avenir seraient l'un pour l'autre, ce qui ferait disparaître, comme par enchantement, cette doctrine de Monroë, basée sur des principes égoïstes, mais qui est une conséquence, il faut l'avouer, de la politique européenne.

Le développement et l'indépendance du commerce français découleraient naturellement de cette combinaison.

Sous le rapport de la protection du catholicisme, il nous reste à dire quelques mots.

La protection de la France relativement aux autres nations catholiques qui forment le groupe latin, est toute particulière. On la considère non-seulement comme *l'âme*, mais encore comme *le bras* de cette cohorte ; celle-ci, sans la France, ressemblerait à une *armée sans général*, à un *corps sans tête*, et c'est en « vertu de la loi de réciprocité qui s'observe presque toujours dans les affaires humaines, que la consolidation et le développement du groupe des nations latines est la condition même de l'autorité de la France. »

L'intelligent écrivain auquel nous empruntons ces lignes, termine ainsi un article dans lequel il a examiné la situation désavantageuse des nations catholiques en Europe comme en Amérique :

« Ce bilan comparé des progrès des États catholiques et de ceux des peuples chrétiens qui professent d'autres cultes, est de nature à inspirer de sombres réflexions aux hommes d'État qui considèrent, non sans raison, que la destinée de la France et la grandeur de son autorité sont subordonnées aux chances d'avenir des États catholiques en général et des races latines en particulier. C'est le plus puissant argument qu'il soit possible de faire valoir à l'appui de l'expédition du Mexique. »

Une marée croissante semble, en effet, menacer d'engloutir le catholicisme. Rome est presque submergée. Les nations qui veulent être *romaines* auront le même sort, ou bien il faut qu'elles marchent de concert avec le siècle, guidé par le génie de la liberté.

Civiliser, en guérissant les racines malsaines du catholicisme, voilà une belle mission à accomplir.

Dieu protége la France! mais, avant tout, la justice.

FIN.

www.ingramcontent.com/pod-product-compliance
Lightning Source LLC
LaVergne TN
LVHW010222230826
846091LV00008BB/3629

9782016139561